G

G.535.

12615

LETTRE

DE M. DE GOURNÉ,
Prieur Commendataire de Notre-Dame de Taverny, Auteur du *Geographe méthodique*.

A DOM GILBERT,
Benedictin de la Congregation de Saint-Maur, tant au sujet de cet Ouvrage que du Sr. Abbé DES FONTAINES.

A AMSTERDAM,
Chez FRANÇOIS L'HONORÉ, Libraire.

M DCC XLIII.

AVIS

De Pierre l'Honoré, Libraire à Amsterdam, au Sieur Robinot, Libraire à Paris sur le Quay des Augustins, entre les Enseignes du saint-Esprit & du Compas.

COMME c'est vous, M. qui debités le *Geographe méthodique*, j'ai crû devoir vous adresser quelques Exemplaires d'une Lettre de l'Auteur, au sujet de ce nouvel Ouvrage. Elle m'est tombée dans les mains il y a près de six semaines; par la datte de cette Lettre, écrite dès le mois de Juin dernier, il ne paroît pas que Mr. l'Abbé de Gourné ait eu dessein de la rendre publique; mais je l'ai trouvée si interessante par les faits, l'érudition & le stile, qu'il doit me pardonner ce petit larcin. Je vous prie de lui en présenter de ma part une douzaine d'Exemplaires: vous me tiendrez compte du reste sur, &c.

A. Amsterdam, ce 16. Novembre 1742.

LETTRE

DE M. DE GOURNE', Prieur Commendataire de Notre-Dame de Taverny, Auteur du Géographe Methodique, à Dom GILBERT, Benedictin de la Congregation de Saint-Maur, tant au sujet de cet Ouvrage, que du sieur Abbé DES FONTAINES.

ON REVEREND PERE,

J'ai reçu toutes vos Lettres en leur tems, & le plaisir qu'elles m'ont fait, rend mon silence inexcusable; mais pour faire cesser les justes reproches que vous me faites à ce égard, au hafard de vous ennuyer, vous en aurez une des plus amples. Parmi tous les remercimens que je vous dois, M. R. P. je puis pourtant mêler quelques plaintes. Par votre derniere, dattée de Coulomb, le 20 Mars 1742. je vois que vous me foupçonnez d'être un peu *Anti-Moine*, pour vous rendre votre expreffion; ou d'être piqué contre votre Congregation, par rapport au Procès que j'ai eu avec elle, pour le Prieuré de Notre-Dame de Taverny. L'interêt peut divifer les hommes, mais l'amour du merite & la Religion, ramenent les Chrétiens & les honnêtes gens : ainfi quand l'eftime particuliere que j'ai pour toute votre Congregation, ne fuffiroit pas pour étouffer les petits reffentimens que laiffent de pareils démêlés, l'amitié dont vous m'honorez m'eft d'un trop grand prix, pour ne la pas conferver aux dépens de tout. En effet, pour une legere injure que ma fenfibilité s'exagere peut-être, que de traits obligeans dans votre Lettre!

que de marques de la plus sincere affection ! J'étois déja bien persuadé que ma réputation vous étoit chere, mais on ne peut rien ajoûter aux nouvelles preuves que vous m'en donnez. Vous vous plaignez de l'inaction où je semble rester, tandis que l'Auteur des *Observations sur les Ecrits modernes* fait, dites-vous, tous ses efforts, pour faire tomber ma Géographie, & la décrier dans les Provinces, où il tente depuis long-tems, d'établir ses petites feuilles.

Je n'ignore pas que le sieur *Guyot*, plus connu à Paris sous le nom d'Abbé DES FONTAINES, peu content des premieres atteintes qu'il a crû donner à mon Ouvrage, dans sa *Gazette hypercritique*, s'efforce encore tous les jours de lui porter les derniers coups; je sçai même qu'il s'est réuni dans ce dessein avec l'Abbé *Langlet*, dont j'aurai lieu de vous parler dans la suite. Mais je me croyois assez vengé des traits impuissants de leur plume, tant par le succès de mon Ouvrage, dont il s'est déja debité plus de douze cens volumes (ce que je prouverois au besoin par les factures des Marchands de Province, & par les arrêtés du sieur *Robinot* qui vend pour mon compte à Paris), que par l'empressement du Public, qui s'obstine à en demander la suite, & résolu de garder le silence, j'avois voüé un genereux mepris à mes adversaires.

Or vous voulez mon R. P. me tirer de ma léthargie ; c'est ainsi qu'il vous plait d'appeller mon amour pour la paix, ou plûtôt mon juste dedain pour de faux Critiques. L'interêt de ma réputation, qui certainement, sans me flatter beaucoup, ne dépend point de ces nouveaux Zoïles, ni l'envie de me mesurer avec eux, ne m'auroient jamais fait entreprendre ce que vous exigez de moi, mais je n'ai rien à vous refuser, & ce que je ne ferois pas pour mes adversaires, que je tiens fort au-dessous de cette entreprise, je vais le faire uniquement pour vous.

Je vais donc vous mettre au fait

du démêlé que j'ai eu avec le sieur *Guyot*, par rapport à ma Géographie, & des suites de ce different; ensuite j'examinerai les Observations qui peuvent concerner mon Ouvrage, & j'en tracerai la contre-critique : enfin je vous rendrai compte des incidens qui ont fait languir & qui suspendent encore la continuation de mon Livre. Comme; à l'égard du sieur *Guyot*, j'avois pris jusqu'ici les choses du côté de la Religion, la vôtre pourroit s'effaroucher de quelques traits de vivacité qui m'auront échapé, malgré moi, dans la chaleur de ce détail ; mais je vous prie de vous souvenir, qu'on n'arrête pas toujours où l'on veut, son imagination & sa plume, *quantâ temperantiâ fuit, dicentem contra Antonium, abstinere à maledicto.* (a)

Vous sçavez mon R. P. que dès le mois de Janvier 1741. la premiere partie de mon Ouvrage étoit imprimée. La Préface étoit toute prête, & entre les mains de M. l'Ab-

(a) *Cicer. Philip.* 2.

bé Roquemont, Censeur Royal ; c'est un homme de très-bon conseil & d'un caractere obligeant : cette piéce lui parut hardie; il proposa ses doutes au sage Magistrat qui l'avoit chargé de voir tout l'Ouvrage. Il fut resolu qu'on en feroit part à l'Academie des Sciences, & on lui en fit la lecture au commencement de Fevrier suivant. Cette piéce ne se trouva pas du goût de quelques membres de cette Compagnie, & voici ce qui les blessa. J'avois osé avancer que la Geographie n'avoit jamais été si defectueuse, que depuis qu'on l'avoit soumise aux Observations astronomiques, & par les inconveniens qui résultent *des Paralaxes, des Refractions & de la Penombre*, je faisois voir le peu de justesse & l'incertitude de ces observations. Je fondois cette juste défiance qui ne m'est point particuliere, sur les autorités de nombre de Sçavans, & même de célebres Astronomes ; je rappellois ce que dit Vossius dans ses Observations, imprimées à Londres en 1685. (*a*) mais je m'appuyois

(*a*) Quoique pour parvenir à la connoissance de la longitude des lieux de la Terre, il semble qu'il n'y ait rien dans le monde & de plus sûr & de plus utile que les Observations des Eclipses, & principalement celles de la Lune ; jusqu'ici néanmoins, cette voye a si mal réussi aux Observateurs, que j'ose avancer, que de tous ceux qui ont donné des descriptions du Monde, il n'y en a point qui ayent répandu sur cette matiere, & des erreurs plus importantes, & des tenebres plus épaisses, que les Astronômes, qui ont entrepris de reformer la Geographie sur les Observations des Eclipses. Le Ciel & les Astres sont exemts d'erreurs ; ils gardent un ordre invariable, & tous leurs mouvemens sont compassés avec une justesse infinie ; mais ce sont les Observateurs qui se trompent eux-mêmes, lorsque sans avoir égard à la réfraction, & sans s'embarasser de cette legere ombre qui précede l'immersion de l'Astre éclipsé, ils cherchent le centre de l'Eclipse. Si cela n'étoit ainsi, d'où viendroit, je vous prie, je ne dis pas cette difference, mais ce renversement total & cette confusion de lieux, qui fait transporter à l'Occident, des Pays situés à l'Orient. Les Observateurs se trompent donc étrangement dans leur calcul, lorsqu'ils s'imaginent que de pareilles erreurs n'influent que sur les lieux voisins de principalement du témoignage de gens du métier, tel que celui du P. Kirker, Jesuite, qui après avoir consideré la dissonance des Eclipses & celles des Observations, assure qu'on lui avoit envoyé celles de quinze Mathematiciens differents, qui toutes se contredisoient sur la longitude, qu'ils assignoient entre Rome & Cologne. Je citois le P. Fournier, Jesuite, qui après avoir examiné plusieurs observations d'Eclipses, conclud que cette voye dans la pratique, est insuffisante pour établir la véritable longitude des lieux, & pour rectifier les Cartes de Geographie, parce que,

celui où l'on observe l'Eclipse; car si l'on regle sur leurs observations, des distances considérables, l'erreur s'acroit de plus en plus, à proportion de l'intervalle des lieux; jusques là que toute la Terre changeant de situation dans leurs Cartes, les extremités de l'Asie se trouvent raprochées de nous au moins de vingt degrez, selon quelques Astronômes, & de plus de vingt-cinq selon d'autres. *Quamvis ad cognitionem longitudinis terrarum ac locorum, in hoc nostro orbe certius utiliusque nihil, &c. vide locum.*

quelqu'exactitude

quelqu'exactitude que l'on apporte, & quelqu'habileté qu'ayent les Obfervateurs, jamais deux Eclipfes obfervées dans deux differents lieux, ne donnent la même longitude, ce qu'il confirme par plufieurs exemples : (*a*) enfin le P. Riccioli qui ne peut pas être fufpect aux Aftronômes, me fourniffoit des arguments invincibles (*b*) contre les

(a) *Hydrogr. Lib.* 2. *cap.* 25, 26, & 28.

(b) Ce fçavant Mathematicien de Florence établit entr'autres propofitions, 1°. Que les mefures actuelles déterminent plus fûrement la longitude de deux lieux voifins, que l'obfervation des Eclipfes, parce qu'il eft extremement difficile à chacun des Obfervateurs, d'éviter une erreur de quelques minutes : enforte que fi tel Aftronôme qui a opéré à Boulogne, a anticipé le commencement de l'Eclipfe de deux minutes, & qu'un autre operant à Modene, retarde au contraire de deux minutes ; cette modique erreur de quatre minutes, fera la différence d'un degré, & par conféquent de plus de cinquante mille ; erreur des plus confidérables par rapport au peu de diftance des lieux, & dont il n'y a point d'exemple à craindre, par la voye des

B

Observations astronomiques.

J'insinuois dans cette même Préface, que ce qui avoit le plus contribué à faire abandonner la voye des mesures actuelles & itineraires, mesures actuelles & des distances itineraires. 2°. Que si les Eclipses peuvent être de quelqu'usage, ce seroit tout au plus pour déterminer la distance de deux lieux fort éloignés : mais, ajoûte-t'il tout de suite, tout consideré, il est probable, que même pour les lieux les plus éloignés, la distance des Meridiens se trouve encore plus sûrement par les distances itineraires, que par l'observation des Eclipses; car l'erreur qui peut se glisser dans ces sortes d'observations, excede quelquefois 16 à 20 minutes, c'est-à-dire, quatre à cinq degrez, & il est difficile d'en faire d'aussi énormes par la voye des mesures actuelles; c'est pourquoi, conclud t-il, j'ai résolu de ne jamais m'assujettir aux observations des Eclipses, que je n'aye bien verifié que la longitude qu'elles donnent, ne s'écarte pas des distances marquées dans les Cartes particulieres de chaque Pays. *Proinde decrevi ita nunquam Eclipsibus acquiescere, quin prius expertus fuerim, utrum differentia longitudinis contineatur intra terminos probabilis distantiæ ex chorographicis intervallis conquisita.* Ricciol. Lib. 8. Cap. 19.

& à défigurer toutes nos Cartes sur le fondement des Observations astronomiques, étoient d'un côté, l'esprit de parti, & de l'autre, l'animosité conçue injustement contre les Sanfons, depuis qu'ils s'étoient avisés de relever certaines beveües échapées à Mr. Caffini, tant fur la Geographie, que fur l'Histoire, dans un discours fur l'origine & les progrès de l'Aftronomie. (*a*) J'ajoûtois que le démêlé de l'Academie avec les Sanfons, avoit occasionné la fortune de M. de l'Isle, qui quoique bien inferieur à ces Geographes, s'étoit élevé fur leurs ruines, & même enrichi de leurs dépoüilles: enfin je prouvois que la Mappemonde qui se voit encore fur le plancher de la Tour Orientale de l'Observatoire, péchoit contre toutes les regles de l'Optique & de la projection des Cartes ; qu'au refte on l'avoit

(*a*) Ce difcours qui eft excellent d'ailleurs, fert de Préface au Recüeil des Obfervations de l'Academie des Sciences, imprimé en 1693.

donnée fort mal-à-propos comme une invention de l'Académie, puisque le deſſein en avoit été préſenté au Roi dès 1648. par *Turquet de Mayerne*, & que ce dernier n'avoit fait lui-même que s'approprier l'invention d'*Octavio Piſani*, Florentin.

Mr. l'Abbé Roquemont me déclara que cette Préface ne paſſeroit point, & me conſeilla de ne pas indiſpoſer l'Académie contre moi. Je me rendis à ſes raiſons, & je ſupprimai la piéce dès le jour même.

Cependant mon Livre étoit imprimé, & l'empreſſement des Particuliers qui ne le connoiſſoient que par le *Proſpectus*, ne me permettoit plus de reculer; il me falloit une autre Préface: je raſſemblai à la hâte quelques fragmens d'une Hiſtoire de la Geographie, que je travaille avec plus de ſoin, ſoit par rapport au goût de la Litterature, ſoit pour le tour & la diction, que je n'ai peut-être fait une méthode deſtinée pour de jeunes gens, & que j'ai compoſé moi-même dans un âge peu avancé; & comme mon Procès m'occupoit beaucoup, j'engageai un homme de Lettres à m'aider dans l'arrangement de ces materiaux, & ce nouveau travail retarda quelque tems la publication de mon Livre.

Enfin cette premiere Partie parut au mois de Mai 1741. & en moins de cinquante jours, il s'en debita plus de quatre cens exemplaires. Je ne puis vous diffimuler que mon Ouvrage fit un peu de bruit. Le fieur *Guyot*, qui s'eft attribué dans la Republique des Lettres, une efpece de Jurifdiction fans compétence & fans autorité, & qui regarde un nouvel Auteur, dont les Ecrits paroiffent fans fon attache, comme un *intrus* comptable à fon Tribunal de fa réputation & de fes fuccès, ne crut pas devoir laiffer établir *le Geographe methodique* fans le mettre à contribution. Il charges le Sieur Bullot fon Imprimeur de m'engager à l'aller voir. Ce Libraire, qui eft un très-honnête homme, & qui fans doute ne foupçonnoit rien de l'intention du sieur *Guyot*, me pressa de lui rendre une visite, qui pourroit, disoit-il, ne m'être pas inutile. Je fus quelque tems à me déterminer. Né Philosophe, & plus jaloux d'être utile au Public, que d'être prôné, je sentois de la répugnance à aller mandier des suffrages ; je consultai des amis solides, que je trouvai fort partagés sur la démarche qu'on me proposoit ; les uns me firent envisager le sieur *Guyot*, d'un côté, comme un critique trop superficiel ou trop partial, pour pouvoir me nuire, supposé qu'il en eût le dessein, & de l'autre, comme un estimateur trop suspect d'interêt pour pouvoir me servir. Ils soutenoient que les Observations étoient dans le dernier discredit ; qu'on ne les lisoit presque plus, & que les jugemens tantôt chargés d'éloges excessifs, tantôt convertis en de pures satires, étoient absolument sans conséquence. Les plus timides au contraire, me faisoient un épouvantail de l'Observateur ; c'étoit, disoient-ils, un homme dangereux, un Cynique outré dont les morsures laiſſoient de profondes cicatrices, & qui renouvelloit parmi nous l'inſolence de ce ſatyrique Italien, dont la plume étoit ſi redoutée dans le ſeiziéme ſiécle. Ils ajoûtoient que de tout tems, on avoit ſacrifié aux mauvais génies, & que je devois du moins regarder le ſieur *Guyot* en cette occaſion, comme une de ces Divinités malfaiſantes, à qui certains Peuples prodiguent l'encens, non pour en obtenir du bien, mais pour les empêcher de leur faire du mal. Les moins prévenus convenoient que le Sr. *Guyot* étoit peu capable par lui-même, ou de nuire, ou de contribuer à la réputation d'un Ouvrage, ſur-tout à Paris où l'on connoiſſoit la partialité de ſes Jugemens; mais que parmi les Provinciaux, qui ſont moins à portée d'être inſtruits, & qui peuvent quelquefois s'en tenir à l'idée fauſſe ou ſuperficielle qu'il donne de la plûpart des Ouvrages, il pourroit me faire quelque tort:

qu'enfin le Public étoit perfuadé que le fieur *Guyot* ignore parfaitement la plûpart des matieres dont il l'entretient, mais qu'il avoit le fecret de fe faire aider par gens du métier en tout genre, & qu'on lui fournissoit de tems en tems d'assez bons memoires.

Les raifons de ces derniers m'ébranlerent, & je refolus de voir le fieur *Guyot*. Je me tranfportai donc au Bureau des Obfervations, & m'étant fait annoncer à l'Auteur, je vis venir au devant de moi une efpece de figure financiere à dos rond, à large bedaine, qui m'aborda les bras ouverts. Quoi ! c'eft vous, mon cher Abbé ! dit-il en m'embraffant avec pétulance, qu'il y a long-tems que je vous fouhaite ici ! cet épanchement de cœur pour un inconnu, me furprit beaucoup, & me lia la langue ; ma paffion dominante, continua-t-il, eft de connoître les gens extraordinaires ; je lui repondis qu'à mon egard, je faifois profeffion de ne l'être pas. Comment, reprit-il, vous faites bruit dans le monde, on n'y parle que de votre Geographie; voilà celle qui nous manquoit. Langlet, le pésant Langlet n'est qu'un plagiaire; Noblot est ennuyeux & diffus; la Croix est plein de fautes; le Coq, peu exact; Buffier, trop sec; Robbe, trop décharné; mais, ma foi, vous débutez d'un ton qui vous assure le pas sur eux tous.

Cependant comme vous commencez, vous avez besoin d'un peu d'appuy, & il ne tiendra pas à moi que vous ne vous fassiez un grand nom. Je sçai que vous êtes mon Compatriote; j'ai une véritable inclination à vous rendre justice, & je vous offre mes bons offices auprès du Public, qui me fait l'honneur de s'en rapporter un peu à mes décisions. Ce préambule fut débité avec une volubilité de langue, & un enthousiasme qui m'étourdit. Il tourna les mêmes complimens & les mêmes offres de vingt differentes manieres; mais voyant que plus il montroit de chaleur, plus je paroissois froid & flegmatique, il proposa, pour me faire parler, quelques questions de Geographie ; je compris qu'il avoit étudié son theme, & feuilleté le matin la Martiniere ; car en ouvrant la seconde partie de mon livre, & raisonnant sur quelques positions, il me plaça d'après ce Dictionnaire réimprimé à Dijon, *Graçay ville du Berry sur le Pazon à une lieue de Vatari*, au lieu de dire sur le Fouzon à deux lieues de Vatan. *Argenton sur les frontieres du Poitou*, il falloit dire sur celles de la Marche. *Valençay dans le Blaisois*, il est constament dans le Berry, & donna *douze lieues* de distance entre *Charost & Issoud'un*, quoiqu'il n'y ait qu'une heure & demie de chemin, &c. J'entamai quelqu'autres questions sur la même matiere, & j'eus lieu de m'appercevoir que le sieur *Guyot* n'avoit pas lui-même les premieres notions de la Geographie. J'en fus si surpris, que je me levai pour terminer une visite qui m'ennuyoit, bien résolu de n'en pas faire une seconde.

Vous êtes bien pressé, me dit-il,

en m'arrêtant; reprénez votre siége, je n'ai pas eu le tems de vous parler. J'ai déja travaillé à l'extrait de votre Livre, & je veux vous en lire quelques morceaux dont j'espere que vous serez content. Au reste ce n'est qu'un canevas; car je prétends bien vous confier ma feuille, pour en élaguer ou y augmenter tout ce que vous jugerez à propos. Je suis fort touché de votre complaisance, lui-dis-je, mais si vous avez un service à me rendre, c'est, Mr. de ne point prévenir le jugement du Public à mon égard; car j'ai remarqué qu'il n'est jamais la duppe de ces éloges concertés que la plûpart des Auteurs mandient, ou dont ils vous épargnent la façon, & qu'il sçait toujours à quoi s'en tenir, indépendemment de tous les suffrages qu'on croit lui donner pour regle du sien.

Le sieut *Guyot* ne s'attendoit point à cette réponse, il parut un peu déconcerté, & voyant que je n'allois pointà son but, il crut devoir changer de batterie, & s'expliquer plus clairement. Eh quoi, Mr. l'Abbé, reprit-il, mon travail est donc perdu & pour vous & pour moi ? Ne faut-il pas que tout le monde vive, le Panegyriste aussi-bien que l'Auteur. Quel motif a pû m'engager à parcourir tout votre Ouvrage, & quel interêt puis-je avoir à l'annoncer favorablement ? Est-ce que vingt sols par page d'impression que me donne *Chaubert*, payent mon travail & sont capables de me faire subsister ? Pensez-y sérieusement, mon cher Abbé; votre Ouvrage paroît dans une circonstance, où vous dépendez entierement de moi. Ignorez-vous qu'on réimprime la Geographie de *Martineau*, & que pour surprendre les duppes, on la publie comme un nouvel Ouvrage, sous le nom de l'Abbé Langlet.

Croyez-vous que les Libraires qui font cette manœuvre, soient aussi tranquilles que vous l'êtes ? Je sçai ce qu'ils m'ont fait proposer, & il ne tient qu'à moi d'empêcher la continuation de votre Ouvrage; pensez y sérieusement, vous dis-je, dis-je, la chose est de grande conséquence pour vous ; je vous estime, j'ai du penchant à vous obliger, mais il faut de votre côté vous aider un peu, & vous defaire une bonne fois de ces rigides façons de penser que vous avez puisé dans votre Oratoire. Tenez, moi qui vous parle, j'ai été long-tems Jesuite ; cette école, entre nous, vaut bien l'autre ; mais le diable m'emporte, si j'ai conservé la moindre teinture de l'esprit Religieux : condamné par la fortune à vivre de ma plume, je me suis ouvert une route nouvelle : J'ai déclaré la guerre à tout le genre humain, & je suis devenu le fleau des Auteurs. Malheur à quiconque se mêle d'écrire sans ma permission ou mon agrément ; malheur à tout Livre qui ose paroître sans être muni de mon Passeport. Vous voulez entrer dans la carriere, soit, je vous reconnois du talent, & je ferai le premier à vous encourager ; mais est-il juste de frauder mes droits ? ils se réduisent à si peu de chose. Qu'appellez-vous vos droits, lui-dis-je? de grace expliquez-vous nettement; je suis à cet égard un homme tout neuf, il ne faut me laisser rien à deviner, qu'exigez-vous de moi? que demandez-vous? Est-ce un exemplaire de mon Ouvrage? vous serez servi des premiers, & vous l'aurez relié convenablement.

C'est déja quelque chose, reprit le sieur *Guyot*; mais puisqu'il faut vous parler françois, vous aurez la bonté d'y joindre *six autres exemplaires en blanc, quatre louis d'or, & un certain manuscrit, contenant l'Histoire de l'Eglise de Rheims, dont je sçai que vous êtes l'Auteur, & dont vous ne faites aucun usage*; moyennant cela, je me fais fort de mettre votre Géographie sur un bon pied, & je l'annoncerai de façon à faire tomber toutes les autres; dans la suite, comme je veux ménager votre bourse, & que mon intention n'est pas de vous rançonner, je me restrains à un louis d'or & à mes sept exemplaires, pour chaque partie qui paroîtra, jusqu'à la fin de tout l'Ouvrage : vous voyez que je ne suis pas cher, & assurement je vous traite en ami.

J'entends, lui dis-je, cela me suffit, mais permettez moi de me consulter, je vous ferai part de ma résolution. Je voulus aussi-tôt m'en-aller. Attendez, dit-il, un instant, j'ai affaire dans votre rue, chez Giffart, nous sortirons ensemble & nous causerons. Il étoit tard, la nuit approchoit, je fis réflexion que c'étoit le tems de ces aubaines désagreables si familieres aux Auteurs satiryques, & singulierement au Sr. *Guyot*. J'apprehendai d'être confondu avec l'Auteur des Observations, & de partager les petites disgraces que lui attirent si fréquemment ses traits de plume inconsiderés. Je feignis d'aller aux Missions étrangeres, & je le quittai à sa porte, dans la ferme résolution de n'y remettre les pieds de ma vie. Dès le lendemain 4 Juillet 1741. j'écrivis au sieur *Guyot* le billet suivant. *Pour réponse*, Monsieur, *aux propositions que vous m'avez faites hier chez vous,* je n'ai ni la faculté, ni la volonté de faire ce que vous exigez de moi ; je ne veux pas non plus vous amuser, ainsi faites votre métier, je ferai le mien. Vous avez heureusement de quoi vous retourner ; les Libraires du sieur Langlet vous font des avances que je vous conseille de mettre à profit. La plûpart des gens de leur profession ne se piquent pas de délicatesse en fait de goût ni de procedés ; mais je pense un peu differemment. Je suis, Monsieur, avec toute la consideration que vous meritez, &c.

Cette Lettre piqua le sieur *Guyot*. Au surplus, sans chercher à l'aigrir, je ne songeois point à le mettre dans mes interêts, je ne voulois que son silence & son oubli même, s'il étoit possible, mais il ne se crût pas encore éconduit, & loin de quitter prise, il m'envoya successivement plusieurs personnes pour me pressentir sur mes dispositions. La derniere fut jusqu'à me dire que le sieur *Guyot* n'étoit pas un Arabe, qu'il entroit dans ma situation, qu'il sentoit bien que mon Procès contre la Congregation de Saint-Maur, avoit dû alterer ma bourfe, & qu'il fe contenteroit d'un billet ; mais tous les émiffaires du fieur *Guyot*, n'ayant pû parvenir à me faire compofer pour la taxe à laquelle ce Partifan Litteraire avoit impofé mon induftrie, on concerta dès ce moment les moyens de décrediter mon Ouvrage, & je fus menacé de toutes parts des farcafmes de l'Obfervateur.

Je n'étois occupé que de mon Procès ; n'ayant pu obtenir d'audience, parceque l'affaire de Dom Carpentier remplit le refte du femeftre ; je fis porter ma caufe au rôle, & elle fut jugée à mon avantage le 17 Novembre 1741. Cependant j'avois mis à profit le tems des vacances ; & ma feconde partie étoit en vente dès le premier du même mois. J'y inferai une petite Préface, où pour me fouftraire une bonne fois à toutes les follicitations du fieur *Guyot*, je rappellois en termes couverts tout ce qui s'étoit paffé entre nous.

Cette piéce produifit l'effet que j'en

attendois, & le Sr. *Guyot* le reconnut comme il étoit très-reconnoissable, il prévint les commentaires, & prit tout pour lui. Au reste il eût été difficile d'appliquer à d'autres, des caracteres qui lui conviennent uniquement. Qui pouvois-je en effet désigner *par ces Charlatans Litteraires & ces Critiques par métier ?.... qui voudroient se faire passer pour les appretiateurs généraux du merite & de la fortune de tous les Ouvrages d'esprit ?.... par ces factieux toujours déchaisnés contre les écrits qui réussissent indépendamment d'eux & de leurs suffrages ?..* Qui chercher sous tant d'autres traits répandus dans mon avertissement, sinon le grave & profond Auteur des *billevezées hebdomadaires* qui paroissent quatre ou cinq fois le mois sous le titre specieux *d'Observations sur les écrits modernes*.

Le sieur *Guyot* envisageant cette petite excursion contre lui, comme un acte d'hostilité de ma part, fut fâché d'avoir été prévenu ; lui qui comme la Rancune du Roman comique, a coutume de prévenir les autres. Il craignit de perdre sa vengeance s'il la différoit plus long-tems; il commença donc à répandre par tout que ma Geographie ne valoit rien, & à charger mon Ouvrage d'autant de mépris, qu'il lui avoit donné d'éloges. Ensuite il s'ouvrit au *sieur Chaubert*, & lui dit, que dans le dessein où il étoit de vilipender mon Ouvrage, le moyen de m'humilier davantage, étoit d'établir sur ses ruines la prétendue Geographie de l'Abbé Langlet; qu'il avoit à la verité quelque répugnance à prôner un mauvais ouvrage, sur tout en faveur d'un homme qu'il n'aimoit pas; mais qu'à la consideration des Libraires qui en faisoient les frais (pourvû qu'ils fussent reconnoissants) il prendroit sur sa délicatesse de louer cette méthode en censurant la mienne.

Le sieur *Chaubert* se rendit garant de la générosité de ses Confreres, qui sont *Rollin fils, & Debure l'aîné*. Il offrit même sa maison & sa table pour cette importante negociation; on prit jour, & tous les Interessés se trouverent à l'heure prescrite au logis du Mediateur. *Chaubert*, au milieu du répas, ayant exposé le sujet qui rassembloit ses illustres convives, le sieur *Guyot* déclara d'abord de bonne foi, que la Geographie n'étoit pas son fait; mais qu'un certain Abbé *Saas* qu'il avoit déja lâché contre l'Abbé Goujet, lui fourniroit un peu de critique. Debure prit aussi-tôt la parole, & se vanta d'avoir en main, un homme excellent pour ce projet. On devine bien qu'il vouloit parler de l'Abbé Langlet, & dans le peu de mauvaise critique qu'ils ont fourni l'un & l'autre à l'Observateur, on reconnoit aisément le frivol Censeur du supplement de Morery, & ce Plagiaire infatigable, qui pour avoir été plusieurs fois le fidel copiste de Martineau; n'en est pas pour cela meilleur Geographe. Bien-tôt à force de rasades, le sieur *Guyot* s'échauffa sur mon chapitre; votre vin parbleu est excellent, dit-il s'adressant à Chaubert, il me donne de l'esprit, & m'ouvre la veine;

tenez, il me vient à l'inftant une idée finguliere, admirable; je me donne au diable, fi l'Abbé de Gourné avec fa Geographie, n'eft —— —— (l'expreffion étoit énergique) je lui défie de parer ce coup, ajouta-t-il, en s'armant d'un verre qu'il fabla par forme de parenthefe. Je ne fçaurois diffimuler que le Geographe méthodique ne fe debite bien; l'Auteur par fon activité & les relations qu'il a dans plufieurs Provinces, eft en état de fe paffer de tous tant que nous fommes; mais c'eft précifément par cette raifon que je veux le faire tomber dans le panneau; je foutiendrai que fon Livre ne fe vend point, & qu'il fe morfond chez les Libraires; l'Abbé de Gourné piqué du réproche, ne manquera pas de publier qu'il en a déja vendu beaucoup, & qu'il en debite encore tous les jours fans le fecours de la Librairie. C'eft où je l'attends. De cette maniere, il fera lui-même fon dénonciateur; vous ferez en droit de l'attaquer, comme étant en contravention, & alors fecouez-moi bien ce Libraire en rabat. O ma foi, s'écria Chaubert, je ne m'attendois point à celui-là! voilà un tour de la derniere fineſſe! bûvons, bûvons l'Abbé à ce bon expedient. Les femmes de nos Bibliopoles applaudirent à cette imagination. Quel homme! diſoient-elles, quelle tête d'homme! qu'il eſt charmant pour les reſſources! il a plus d'eſprit lui-ſeul, que tout Port-Royal, & que tous les Jeſuites enſemble.

Il y avoit à ce répas un Libraire de Province, à qui Chaubert avoit vendu différentes parties de Livres. C'eſt de ce Marchand, homme digne de foi & d'une probité reconnue, que je tiens tout le détail de la fête. Il n'avoit pas voulu ſe charger la veille d'un ſeul exemplaire des Obſervations, parce qu'elles ne ſont point goûtées dans ſa Province; mais quand il entendit les Convives préconiſer à l'envi l'Auteur, il ne voulut pas être en reſte avec ſes Confreres, & après l'avoir ſalué d'un rouge bord, Monſieur Chaubert, dit-il, élevant la voix, combien de volumes d'Obſervations?

vingt-six en tout, répondit Chaubert, eh bien, reprit le Provincial, faites m'en relier deux exemplaires qui feront cinquante-deux volumes, & je vous donnerai cinquante francs. Vous n'y pensez pas, repliqua Chaubert, je les vends un écu le volume, cela peut être, reprit le Marchand, on ne manque pas de dupes à Paris, mais entre nous, c'est autre chose ; songez, mon cher, que c'est de l'argent comptant ; l'argent comptant est d'un grand merite chez les Libraires, ainsi le marché fut conclu. Après ce court intermede, on reprit la conversation sur mon compte ; il fut resolu que le sieur *Guyot* prépareroit incessamment le foudroyant morceau de critique qui devoit faire tomber mon Ouvrage, mais qu'il ne paroîtroit qu'environ un mois, avant la nouvelle édition de la Geographie de Martineau, afin que l'Abbé Langlet pût faire usage de quelques faits que le sieur *Guyot* vouloit hazarder sur ma préface.

Enfin, le 23 Fevrier 1742, c'est-à-dire, dix mois après la publication de mon premier volume, le penible extrait du sieur *Guyot* vit le jour, suivant l'ordre qu'il en avoit reçu des Libraires qui devoient se présenter chez M. d'Argenson, le 22 du même mois, comme vous, pouvez le remarquer dans la Requête cy-jointe.

Aussi-tôt qu'il parut, tous mes amis me presserent de prendre la plume, & de ne pas laisser sans réponse, les froides plaisanteries de l'Observateur. J'aimai mieux voir ses traits s'émousser, en les laissant tomber loin du but, sans daigner m'en appercevoir; & sa feuille vint d'ailleurs dans des circonstances, où l'embarras de mes affaires, ne me laissoit pas de tems à perdre.

Ma tranquilité le piqua, ou plus vraisemblablement ceux qui le payoient pour décrier ma Geographie, trouverent qu'ils n'en avoient pas pour leur argent, & l'obligerent de revenir à la charge. En effet, dans la feuille du 10 Mars suivant, il parut un petit écrit sous ce titre, *Lettre d'un Maître de Geographie à M. l'Abbé D. F.* Quand on ne sçau-

dans

roit pas que l'Obſervateur eſt dans l'uſage de s'adreſſer de pareilles Lettres, qu'il fabrique lui-même, ſoit pour s'encenſer à ſon aiſe, ſous des noms empruntés, comme il fait ſouvent, ſoit pour maltraiter ſous le maſque ceux qu'il n'oſe attaquer de front, le ſtile ſeul auroit fait reconnoître la main. Mes amis croyants m'ébranler, m'exagererent l'importance de cette derniere piéce. Je la lûs par pure complaiſance pour eux. Elle ne me fit pas plus d'impreſſion que l'autre. Je pris encore le parti du ſilence & je l'aurois toûjours gardé, ſi vous n'étiez venu, mon R. P. reveiller un reſte d'amour propre, que je voulois ſacrifier à mon repos.

J'étois dans ces diſpoſitions pacifiques, lorſqu'un illuſtre Magiſtrat, (*) moins élevé par ſes grands emplois, que par ſes lumieres & ſa capacité, ayant ſçû la petite ſcene qui s'étoit paſſée entre le ſieur *Guyot* & moi, voulut être inſtruit par moi-même. Je me rendis à ſes ordres, &

(*) Monſieur d'Argenſon.

D

je lui fis de bouche le recit fidel que je viens de vous faire. La manœuvre du sieur *Guyot* n'étoit pas nouvelle pour lui, & j'eus lieu de m'appercevoir qu'il étoit serieusement resolu de faire cesser ce brigandage.

Il est clair maintenant mon R. P. que ce n'est ici ni l'amour des Lettres, ni un veritable zele pour le bien des Sciences, qui anime l'avide Observateur, puisque si j'eusse voulu stipuler, seulement pour une partie de ce qu'il demandoit, ma Geographie devenoit excellente, & sa plume venale, auroit répandu les éloges avec autant de profusion, qu'il a fait à feu M. l'Abbé Brunet, par raport à sa traduction de Tite-Live, qui malheureusement ne s'en vend pas plus. C'est ainsi qu'il auroit trouvé le Boileau de la veuve Alix parfait, si elle se fut assujettie à sa taxe la plus moderée, qui étoit un exemplaire du Livre bien relié dont il vouloit decorer sa Bibliote-que. Doit-on être bien flaté par de pareils éloges? & le temoignage de ce grand Critique peut-il être de quelque considération, tandis qu'au lieu de se borner à être l'Historien des écrits modernes, comme c'étoit le plan de son ouvrage, il devient l'Historiographe du secret d'Arnoul contre l'apoplexie, tandis que pour grossir ses feüilles & remplir sa tache hebdomadaire, il nous entretient d'arts & de metiers, disserte sur les manufactures, & que BERRY même (le fait est notoire) l'auroit eu pour trompette de sa renommée, s'il eut voulu donner ce qu'on lui demandoit, pour annoncer ses cuirs à repasser les rasoirs. Vous voyez que je ne suis pas le seul, qui ait secoué le joug de sa petite maltôte, mais pour me renfermer dans ce qui me regarde, puisque le sieur *Guyot* pendant dix mois entiers, m'avoit honoré de son silence, il n'avoit qu'à s'en tenir là. C'étoit à lui que s'adressoit ce raisonnement de ma seconde Préface. *Si mon livre est bon, toute la fureur de l'envie ne le rendra pas mauvais; s'il est mauvais, j'en porterai seul la peine, puisque je le fais imprimer à mes frais.* Il pouvoit donc dans le dernier cas se repofer fur l'équité du public, Juge plus infaillible que lui, du foin de punir ma temerité, & de le venger de mon œconomie. Mais non, le fieur *Guyot* étoit trop fenfible à l'incivilité de mon refus, & comme Perrin Dandin, il vouloit juger. C'eft ce jugement de l'Obfervateur que j'ai maintenant à revifer.

On peut ranger en quatre claffes, tous les Ecrivains qui ont éprouvé comme moi, les atteintes de ce critique fubalterne. Je mets dans la premiere claffe, ces veritables Sçavants, ces hommes fuperieurs, qui d'un trait de plume pouvoient lui impofer à jamais filence, mais qui n'ont pas fenti les piqueures d'un infecte rempant à leurs pieds. Cette claffe n'eft pas la moins nombreufe. La feconde claffe eft compofée de ceux qui fe défiants trop de leurs forces, ou s'exagerans celles de l'Obfervateur, ont regardé fes premieres attaques comme leur défaite, & lui ont abandonné le champ de bataille, fans ofer rendre de combat. La troisiéme classe est celle de certains Auteurs, qui trop subordonnés à leur adversaire, ont essayé de se défendre; mais qui l'ayant fait sans succès, lui ont donné lieu de gagner du terrain, de triompher insolemment d'eux, & de se rendre formidable à tous leurs pareils. C'est à chaque Ecrivain de cette classe & de la précedente qu'on peut appliquer, le mot du Lion de la fable. *Si mes confreres sçavoient peindre* &c. Enfin la derniere classe est composée de ceux qui avec des talens capables d'humilier le sieur *Guyot*, n'ont pas dédaigné d'entrer en lice, & qui sont sortis avec avantage d'un conflict litteraire, dont l'Observateur n'a remporté que la honte & la confusion. Jusqu'ici ma moderation, ou je ne puis dissimuler que mon peu de loisir a eu quelque part, ma laissé fort indecis dans la foule. Vous jugerés par cet essay quel rang m'est dû parmi les Ecrivains.

Le sieur *Guyot* dans sa Lettre 402. du 23. Fevrier 1742. entreprend de donner une idée de mon ouvrage,

& vous allés voir un extrait fait de main de maître. Point d'obſervations ſur le premier volume. L'exact Obſervateur me fait grace de ſes refléxions ſur cette partie, où celles qu'il avoit promiſes dans ſa Lettre 385. ne lui ſont point encore parvenuës. Il ne s'agit donc dans cette Lettre que de la ſeconde partie de mon ouvrage. *Au commencement, dit-il, eſt encore une eſpece de Préface dont je vais vous entretenir.* Toute la critique du ſieur *Guyot* ne tombe effectivement que ſur cette Préface, à l'exception de quelques faits, où le livre de M. l'Abbé Dubos qu'il cite au hazard, lui a heureuſement ſuggeré des moyens de contradiction, quoiqu'il ne l'ait jamais lû. Il eſt vrai que l'Obſervateur, qui d'ordinaire s'embaraſſe peu de nous faire connoître un ouvrage, ce qui pourtant eſt le but d'un journaliſte, avoit particulierement interêt de s'attacher à ma Préface. Mais puiſque j'ai taxé ſes petites manœuvres, avec tout le ménagement que j'ai pû, pourquoi par ſes Interpretations ridicules, m'oblige-t-il aujourd'hui de lever le voile qui cachoit l'incident dont est question, à ceux du moins qui ne le connoissoient pas ? vous me direz qu'il veut donner le change, & qu'un de ses talens est non-seulement d'interpreter les expressions les plus simples, ou de leur donner des sens captieux, mais encore d'altérer tellement toutes les idées d'un Ecrivain, par la façon de dissequer son ouvrage, qu'il lui fait dire ce qu'il ne dit pas, ou le contraire de ce qu'il dit. C'est en effet la methode dont l'Observateur s'est servi dans l'extrait de ma Préface : en voici un échantillon. Dans le tableau que je fais de mes mœurs & que j'oppose aux caracteres du sieur *Guyot*, qui sont trop frappans pour qu'on s'y méprenne, je dis, *on ne me soupçonnera pas d'avoir voulu surprendre le public par des charlataneries littéraires. Je suis un homme isolé, qui ne tiens à personne......je n'ai ni intrigue, ni manœuvre, j'ignore & j'ignorerai toujours les ressorts qu'il faut faire agir pour conduire une entreprise*

Siſtematique. Pouvois-je en obſervant les égards dûs à la fragilité de nos freres, inſinuer plus clairement, non ce que je voulois publier de lui, mais ce que je voulois lui faire entendre, comme par voye d'avertiſſement? *Studens correctioni, parcens pudori.* Auſſi le ſieur *Guyot*, m'a-t-il bien entendu, mais par un trait d'eſprit, digne de ſa bonne foi, ou plûtôt de ſon jugement, pour éloigner une application qu'il ne ſent que trop, il tourne contre moi mes propres expreſſions, & fait cette admirable ſcholie ſur *Entrepriſe Siſtematique*; telle, dit-il, que l'impreſſion de douze volumes de Geographie. J'ai honte d'avoir fait la moindre attention à une pareille puerilité.

Le ſieur *Guyot* continuë ſur ce plan & s'efforce de me faire tomber en contradiction avec moi-même. Il faut donc juſtifier toutes mes expreſſions & vous montrer comment il en abuſe. Comme il me revenoit de toutes parts, avant la publication de mon ſecond volume que le ſieur

Guyot clabaudoit par-tout & même caballoit dans la Librairie, pour decrediter mon ouvrage, & qu'on me menaçoit tous les jours d'un écrit de sa façon, prêt de m'accabler; je crus devoir prevenir le public, tant sur les menées de mes adversaires, que sur les motifs du profond silence que j'avois alors dessein de garder. Or voici comment je m'explique à ces deux égards. *Je ne connois ni Auteurs, ni Libraires. Les frequens demelés qu'ils ont ensemble, & où il s'agit toûjours d'un vil & sordide interêt, éloigneront toûjours de leur commerce, un esprit pacifique. J'avouerai même, que je n'ai jamais eu rien tant à cœur, que d'être totalement ignoré des uns & des autres...... j'ai fait quelques ouvrages, ils se vendent independamment d'eux, il n'en faut pas davantage & ils se réunissent pour me déclarer la guerre....... j'avouerai bonnement que je n'aurois jamais mis mon ouvrage au jour, si j'avois pensé que cette démarche m'eût obligé à entrer en lice, & à lutter avec tous ceux ausquels il n'auroit pas le bonheur de plaire.*

Ces sortes d'escrimes, ou des gladiateurs de plume se donnent en spectacle, divertissent un moment la malignité de l'esprit humain, mais .... autant je serai indifferent pour toutes les manœuvres que la basse envie peut imaginer pour décrier mon travail, ou en empêcher la vente, autant je serai attentif & ardent à profiter des remarques judicieuses qui tendront à sa perfection. Je n'examinerai pas les motifs qui auront fait agir ceux qui me menacent depuis long-tems, ni s'ils auront eu pour but le progrès des Lettres, ni même si leurs remarques seront exprimées avec toute la politesse, & la bienséance qui est en usage parmi les honnêtes gens. Je serai le premier à rendre justice à leurs OBSERVATIONS, *& je les remercierai de bon cœur des fautes qu'ils auront relevées ...... mais il y a plus de trois mois que ma premiere partie est en vente, & je n'ai encore obligation à personne de ce côté-là. &c.*

C'est à regret mon R. P. que je vous remets ce fragment sous les yeux. Mais il est important pour moi de le placer dans son point de vûë. Vous voyés par les faits qui précedent, que ce n'est point une déclamation destituée de fondement ou prématurée. Tout porte directement contre le sieur *Guyot*. Tout suit de ce qui s'est passé entre-nous. Mais il est curieux de voir l'usage qu'en a fait cette habile Commentateur.

Je déclare (suivant qu'il me fait parler) *que je n'aurois jamais mis mon ouvrage au jour, si j'eusse prevû que cette démarche dût me faire lutter contre des gladiateurs de plume.* Voilà comment il analyse en bon logicien un exposé de trois grandes pages, & voici sur cela sa glose. *On ne voit pas comment l'Auteur a eû à lutter contre des gladiateurs de plume, lui qui se glorifie, à la page suivante, de ce que depuis plus de trois mois que la premiere partie est en vente, il n'a encore obligation à personne d'avoir relevé ses fautes.* Je demande si dans le fragment en question, tel que je viens de le représenter, je me plaint d'avoir lutté en effet contre ces Spadassins litteraires, que j'appelle gladiateurs de plume d'après M. Bayle. Je dis fimplement que je n'aurois point publié mon livre, fi j'avois penfé que cette démarche m'eut obligé d'entrer dans des difputes litteraires & cet aveu que l'amour du repos m'arrachoit alors, répond aux ménaces qui m'étoient faites de la part de l'Obfervateur. Eft-il rien de plus inconfequent que l'induction qu'il veut en tirer, en fyncopant & en raprochant des expreffions très-éloignées, pour faire une collufion dans les termes, & faire voir que je me contredit. N'admirez-vous pas mon R. P. la judiciaire de ce critique & fa fcrupuleufe exactitude ? Jugez, je vous prie, quelle foy il merite & fi ceux qui jugent des écrits modernes fur des extraits auffi fideles, peuvent fe flater de les bien connoître?

Le fieur *Guyot* s'égaye encore fur quelques autres expreffions de ma Préface, car fon talent le plus marqué eft d'équivoquer fur les mots. Pour defigner obfcurément l'efpece de ligue ou de caballe qui s'étoit

formée

formée chés Chaubert, entre les Libraires de l'Abbé Langlet & le sieur *Guyot*, je me sers de ces expressions vagues. *J'ai fait quelques ouvrages, ils se vendent independamment d'eux, il n'en faut pas davantage, il se réünissent pour me déclarer la guerre.* L'Observateur ne peut digerer, cette phrase si claire & si simple. *Ils se vendent independamment d'eux.* Il y revient à trois ou quatre fois ; c'est une source d'équivoques heureuses, qui font tout le sel attique de son extrait ; mais le but de toutes ces plaisanteries est plus serieux qu'on ne s'imagine. Vous avez vû le beau projet qu'enfanta le vin de Chaubert ; on vouloit me faire parler & me commettre avec la Librairie.

J'ai cru pouvoir avancer dans cette même Préface que mon ouvrage étoit plus exact pour ce qui concerne les distances & plus abondant pour les matieres qu'aucun autre livre de Géographie & pour preuve je donne effectivement une liste de près de 200. positions, concernant

E

environ le tiers de la France, qui sont omises dans la Martiniere & qui se trouvent dans un demi-volume qui n'est que la douziéme partie de mon ouvrage. Malheureusement cette exactitude n'est pas du goût de l'Observateur.

Suivant cette *singuliere abondance*, comme il lui plaît de la nommer, on doit trouver dans mon ouvrage tous les villages de l'Univèrs. *Car pourquoi*, dit-il, *ces villages de France, s'y trouveroient-ils par privilége, tandis que mille autres bourgs ou villages des autres pays, ne jouiroient pas du même avantage ? Si M. de Gourné*, ajoûte-t-il, *nous donne ainsi le catalogue universel des villes ou villages du monde, il sera veritablement abondant, mais la difficulté sera d'être en même-tems Geographe Méthodique.*

Toûjours du sel attique, comme vous voyés. Mais ne trouvés-vous pas le réproche qu'il me fait au sujet de toutes ces positions, que je n'ai pas cru devoir negliger, plus singulier encore que le ridicule qu'il s'efforce de jetter sur mon exactitude ? puis-je en avoir trop, principalement dans la defcription de mon propre pays, que mes lecteurs ont un interêt particulier de bien connoître dans un plus grand détail ? s'enfuit-il, qu'on doive trouver dans mon livre tous les villages de l'Univers, & fi j'étois capable de donner à ma nouvelle Géographie, l'étenduë finguliere qu'il imagine, où feroit, je vous prie, l'inconvenient ? Cette fingularité feule, ne feroit-elle pas une perfection dans un pareil ouvrage fuivant la penfée de M. Bayle ? (*) Je ne me flatte pas d'y pouvoir atteindre, mais l'objet d'un Geographe, doit être ce me femble, de s'en raprocher le plus qu'il eft poffible. Tout le raifonnement du fieur *Guyot* porte donc à faux, & fes judicieufes Obfervations fe reduifent à des petites plaifanteries, dont le fel s'é-

(*) Voyez la Préface de la premiere édition. Il eft dit pofitivement que *ce feroit une grande perfection dans un Livre de Géographie & dans une Carte, fi tous les bourgs & tous les villages y étoient marqués.*

E ij

capote en les discutant. Mais je dis plus & je prétends que la plus part de ces positions, que le sieur *Guyot* nomme des villages, sont des villes ou des lieux remarquables par quelque singularité, qui m'a determiné à en faire mention. En effet si en parcourant la Picardie, je rencontre Azincourt, j'y suis arrêté malgré moi, par le souvenir d'une fameuse bataille donnée en ce lieu, sous Charles VI, mais le sieur *Guyot* trouve fort mauvais qu'on l'arrête aux bourgs & aux villages. Il faudra donc bruler Azincourt & taire cet évenement, car il n'y a pas moyen d'en faire mention dans l'abregé Chronologique, puisqu'il ne veut point d'histoire dans un livre de Geographie, & qu'il me reproche d'avoir employé plus de cent pages, à celle de France. Il est vrai qu'il suffit de le renvoyer, ou au plan de mon Livre, qu'il veut ignorer & que je suis fidellement, ou même au titre de l'ouvrage, qu'il paroit n'avoir pas compris & qui porte, *Introduction à la Géographie*

Ancienne & Moderne, à la *Chronologie & à l'Histoire.*

C'est ainsi, mon R. P. que l'examen de ma Préface qui n'a que six pages, occupe plus de la moitié de ce curieux extrait. On sçait que c'est la maniere de l'Obfervateur, & que pour s'épargner la peine de lire ou de parcourir un ouvrage, il n'en voit souvent que la Préface, ou tout au plus la table & les divisions. N'est ce pas abuser manifestement de l'indulgence du public & de son employ?

Voici pourtant un peu de critique, mais de la façon du sieur *Guyot*, c'est tout dire. *Vers l'an 417.* dis-je, pag. 3. de la 2. partie de mon ouvrage, *les Peuples Armoriques aujourd'hui les Bretons & les Normands se revolterent contre les Romains.* Le sieur *Guyot* fait deux notes sur cela. *L'Armorique*, dit-il, en citant la notice de M. Valois, *ne renfermoit que le pays situé entre la Seine & la Loire.* Je demande au sieur *Guyot*, quels sont les pays situés entre la Seine & la Loire? Qu'il jette

E iij

les yeux sur une carte de France ? Il trouvera la Bretagne & la Normandie. Par conséquent la Normandie faisoit partie de l'Armorique, comme je l'ai dit après M. Valois & l'Observateur ne fait ici que me répéter sans m'entendre ; ainsi la remarque est futile & ne porte sur rien. Cette bévuë au sujet de deux Provinces, qu'il doit connoître particulierement, decele son profond sçavoir en matiere de Géographie.

A l'égard de la revolte des Peuples Armoniques, *on ignore*, dit-il, *où j'ai puisé ce fait*. Il est permis au sieur *Guyot* d'ignorer ce fait & bien d'autres encore, mais je l'invite à lire Mezeray, le P. Daniel, ou du moins M. Chalon.

Les Francs d'au-de-là du Rhin continuai-je, *profiterent de cette occasion, pour s'étendre dans les Gaules* pour s'étendre dans les Gaules, dit le sieur *Guyot*, il falloit y être déja, cependant ils habitoient au de-là du Rhin, assurément ils ne s'étendirent pas dans les Gaules. Cette importante critique porte sur un mot, dont le sieur *Guyot* à son ordinaire, n'a pas voulu voir la propriété. Les Francs qui devenoient nombreux se trouvant trop ressérrés dans leurs pays, cherchoient a gagner du terrain pour s'établir dans les Gaules & y *étendre* leur domination. Ainsi j'ai eu raison de dire qu'ils *s'étendirent* dans les Gaules, & d'autant plus de raison, que ces peuples n'abandonnerent pas pour cela l'Allemagne. En effet, comme j'ajoûte immédiatement, ils s'emparerent de la Germanie seconde qui fut nommée *Ripuaire*, parcequelle étoit sur les bords de la mer & les Romains leur en laissérent la possession. Cette Etymologie de *Ripuaire* donne lieu à une quatriéme note, c'est-à-dire, à une quatriéme bévûë. *Les Ripuaires*, dit le sieur Guyot, *étoient un Peuple de Germanie, il y en avoit sur le haut Rhin & sur le bas Rhin, ce nom ne vient donc pas des bords de la Mer.* Viendroit-il donc des bords du Rhin? L'Observateur nous fait un secret de ce point d'érudition;

mais il est aisé de faire voir qu'il n'a pas compris l'objection qu'on lui a fournie contre moi, toute usée & toute foible qu'elle est. D'ailleurs, premierement il est faux que les *Ripuaires* ayent habité le haut & le bas Rhin ; tous ceux qui sont un peu versés dans l'ancienne Géographie, conviennent que le pays des *Ripuaires*, ne s'étendoit pas au-delà de Coblents & des Rives de la Moselle. En second lieu, si le sieur *Guyot* avoit sçu faire valoir l'objection qu'on lui a fournie, il auroit du dire que les *Ripuaires* tirerent leur nom des Rives de la Moselle, de la Meuse & du Rhin, entre lesquelles ces peuples étoient reserrés, comme quelques Auteurs l'ont effectivement prétendu, & en ce cas j'aurois fait remarquer à l'Observateur, que quoique les *Ripuaires* proprement dits, qui se nommerent aussi Austrasiens, habitassent effectivement entre ces trois fleuves, cela n'empêche pas que la Province des *Ripuaires*, ou habitans de la Germanie seconde, ne format un Pays maritime. C'est donc sans fondement que le sieur *Guyot* fait venir ce nom des bords du Rhin. Suivant ce principe, il n'y auroit point eu de peuples si nombreux que les *Ripuaires*, car comme il n'y a point de pays qui ne soit arrosé de quelque riviere, on pourroit dire que le monde entier est habité par des *Ripuaires*. Ainsi quoi qu'en dise le sieur *Guyot* le mot de *Ripuaire* par raport à la Germanie, désigne constamment une province maritime, telle que la Bretagne & la Normandie, & ce nom convient parfaitement à ces deux Provinces, quoiqu'il y ait dans l'une & dans l'autre, certains endroits fort éloignés de la mer.

A l'égard de l'abandon que firent les Romains, & que je marque en 417. Je remercie le sieur *Guyot* de la découverte dont il me fait part, mais malgré l'estime infinie que j'ai pour l'ouvrage de M. l'Abbé Dubois, j'ai suivi sur le fait qu'il releve des historiens bien authorisés, & il me permettra de ne point embrasser une opinion nouvelle, sans l'avoir bien examinée.

J'adopte, continue-t-il, *la Chronique d'Odoran, qui marque que Louis le fainéant en mourant, donna ses Etats à Hugues Capet, voilà*, ajoûte-t-il, *ce qui a échapé au P. Daniel & à tous nos fameux Historiens.... par malheur cette Chronique n'est d'aucune autorité parmi les Sçavans.* Voici tout simplement ce que vous trouverez à la pag. 26. de ma seconde partie. Odoran dans sa Chronique, dit que Louis le faineant, donna ses Etats en mourant à Hugues Capet, au prejudice de son oncle, Charles de France Duc de Loraine, qui avoit suivi le parti de l'Empereur. Est-ce adopter un Auteur que de le citer ? Ne puis-je sans l'autorité du P Daniel, à laquelle d'ailleurs je deffere beaucoup, raporter un fait singulier dont je me contente d'indiquer la source, sans le donner pour bien authentique ?

Je me suis un peu étendu sur l'extrait de l'Observateur, mais comme en fait de ridicule, pour punir celui qui le prête aux autres, il faut le laisser tomber tout-a-fait, sans daigner s'en appercevoir, ou sçavoir le rejetter sur lui-même, j'ai cru devoir battre le sieur *Guyot* avec ses propres armes, & pour vous mettre en état de juger de l'écrit qu'il attaque & de sa critique, je n'ai pu me dispenser en vous raportant & ce que j'ai dit & ce qu'il me fait dire, de mettre les pieces sur le bureau.

Je viens maintenant à cette fameuse Lettre, qui parut quinze jours après l'extrait; dans la feuille du 10. Mars 1742. C'étoit le corps de reserve du sieur *Guyot*; ainsi vous devez vous attendre à voir fraper de grands coups. Quoique cette Lettre soit anonime & intitulée *Lettre d'un Maître de Géographie à M. l'Abbé D. F.* Le tour fleuri du préambule & les fréquentes ironies si familieres à l'Observateur, font d'abord reconnoître son stile, & si tous ceux qui le connoissent ne l'ont pas même jugé capable d'une critique aussi superficielle, personne au moins ne s'eſt aviſé de lui en diſputer la main d'œuvre. En effet elle eſt bien marquée à ſon coin, vous en allez juger par ce premier trait.

Le ſieur *Guyot* qui eſt lui même le maître de Géographie en queſtion, débute par me faire une grande leçon ſur les égards qu'on doit avoir dans la cenſure de certains ouvrages. Il eſt vrai qu'en parlant de ceux de Meſſieurs Corneille & de la Martiniere, j'ai dit (*) que le premier de ces vaſtes ouvrages, étoit un répertoire général des fautes de tous les écrits faits ſur la Géographie, & que le ſecond en 10. vol. in fol. ſervoit de ſupplément à toutes les erreurs qui avoient échapé au premier. Or ceux qui connoiſſent le Dictionaire de Th. Corneille (quoiqu'eſtimable par d'autres endroits) ne trouvent pas mon expreſſion trop outrée. Quant à celui de M. de la Martiniere que je reconnois bien ſuperieur à l'autre, & qui peut ſe perfectionner encore, le jugement

(*) Géographe-Méthodique. 1. partie page 97.

gement que j'en portois alors fut formé sur la premiere édition, qui est la seule en 10. vol. in fol. C'est donc sur cela que l'Observateur a cru devoir en bon Chrétien une petite correction fraternelle. *J'aurois dû*, dit-il, *parler avec plus de ménagement de ces Dictionnaires.* Quoi, c'est le sieur *Guyot* lui-même ? c'est lui, direz-vous qui prêche cette morale ? oui, mon R. P. C'est le sieur *Guyot*, & lui-même, il donne à l'instant un rare exemple de modération, en s'exprimant ainsi sur les mêmes Ouvrages. *Il est certain*, reprend-il froidement, *qu'il y a un déluge d'erreurs & d'absurdités dans le Dictionnaire de Th. Corneille, parce que cet Auteur a compilé sans discernement, tout ce qui avoit été écrit jusqu'à lui sur la Geographie...... & qu'il y a beaucoup d'Articles fautifs dans celui de M. de la Martiniere.* Tel est le Correctif charitable que l'indulgence du sieur *Guyot*, met a ma censure. *Un déluge d'erreurs, & d'absurdités* ! Comparés, je vous prie, nos expressions, & voyés si celles

F

de l'Observateur ont moins d'Energie que les miennes.

Cette inconsequence du sieur *Guyot* fait naître une consequence naturelle, c'est que, s'il a été payé pour dire du mal de mon Ouvrage; il est évident qu'il n'a rien reçû pour dire du bien des deux Dictionnaires. Au reste ce petit vice d'esprit auquel le sieur *Guyot*, est sujet, n'étonne plus aujourd'hui personne. Les Lecteurs y sont tout accoûtumés. On se rappelle suivant sa maxime, qu'*il est homme* & cela suffit. *Il est homme*, voilà qui dit tout. Son excuse est dans la fragilité.

C'est encore dans cet esprit de moderation que le sieur *Guyot* recommande aux autres, qu'il m'accuse d'avoir fait à proportion, cent fois plus de fautes, dans deux demi-tomes *in-*12. qu'il n'y en a dans les dix vol. *in-fol.* de M. de la Martiniere. Ces fautes inombrables qu'il compare ici, avec le petit nombre de celles qui se sont glissées dans le Dictionnaire en dix vol. *in-fol.* ne peuvent être que des fautes de Géographie. Or vous remarquerez, mon R. P. qu'il n'en indique pas une seule, & que toute sa critique par rapport à cette partie de mon Ouvrage, se réduit à une seule observation dont la fausseté n'est pas concevable. *M. de Gourné*, dit-il, *enchasse faussement dans le Maine, Mortagne, Nogent-le-Rotrou, & tous les Lieux considerables du Perche*. En vérité! pour une seule fois que le Maître de Géographie songe à m'attaquer sur cette Science, il est bien malheureux pour lui de n'entamer cette matiere, que pour faire une insigne bévûë, car je ne veux pas taxer sa bonne foi.

A la pag. 112. de ma seconde partie, je divise la France en Gouvernemens généraux. Je dis à la page 208. que le Gouvernement général du Maine comprend trois petits Pays, qui sont le haut Maine, le bas Maine & le Perche. Je fais ensuite la description des Lieux principaux de ces trois Pays, & je range expressément dans le PERCHE,

Bresolles, la Ferté-au-Vidame, MORTAGNE (que je dis Capitale du Perche) Logny, la Perriere, Bellesme, Remallard & Nogent-le-Rotrou.

Verifiez le fait, mon R. P. & vous vous convaincrez par vous-même de l'habileté du Maître prétendu qui est l'organe du sieur *Guyot*. C'est avec ce discernement & avec la même exactitude, qu'il ajoute encore, que *l'article de la Fleche est fautif*, sans articuler une seule faute, dans la crainte apparemment que le Public & moi, nous n'en profitions.

Mais si le Maître de Géographie ne nous donne pas une grande idée de ces connoissances Geographiques. S'il n'est rien moins que Geographe, il sçait peut-être un peu plus d'Histoire, ou du moins de Chronologie. Aussi n'est-ce que de ce côté-là, qu'il tourne ses attaques, ce qui est abandonner prudemment le Principal pour l'Accessoire. Il est vrai qu'après avoir dit *que personne ne s'avisera de chercher* l'*Histoire des Rois de France , d'Espagne & des autres Pays , dans mon Livre.* Il y a une espece de bizarrerie pour ne pas dire de contradiction, à s'attacher uniquement à relever les petites fautes qui ont pû m'échapper sur cette matiere & à dissimuler celles de Géographie. Quelle obligation ne lui ai-je pas d'avoir bien voulu se charger pour moi du travail ingrat & penible d'un *Errata* dont je sens effectivement que mon Ouvrage avoit besoin. J'ai sans doute un peu trop présumé de l'attention des Imprimeurs , lorsqu'au commencement de mon premier Volume j'ai dit dans une note dont mon critique ne manque pas de tirer avantage , que je ne croiois pas qu'il fut échapé de fautes qui demandassent un *Errata* à l'exception d'une que je marque. On voit par la qualité de cette faute que je n'ai point entendu parler des petites fautes d'Impression inévitables, sur-tout dans un pareil Ouvrage.

Mais le Maître de Géographie

prétend en avoir remarqué bien d'autres. Faits romanesques ou douteux, empruntés du Dictionnaire de Th. Corneille, & qu'on m'accuse d'adopter, quoique je ne donne à ces faits (si j'en ai rapporté quelques-uns pour égayer la matiere) que le degré d'autorité qu'ils méritent…… Faits historiques, inutils ou peu importans; mais dont par consequent la censure est encore plus frivole & plus inutile…… Traditions fabuleuses, qu'on m'accuse encore de donner serieusement pour des verités, quoique leur singularité seule qui ma porté à en faire usage, les caracterise suffisament…… Noms propres estropiés, ou peu corrects, dont on affecte de dissimuler que la plûpart sont du fait de l'Imprimeur, …… Petites fautes de Chronologie peu interessantes ou peu essentielles…… Variations de dates & autres minuties. Voilà sur quoi roule toute la lettre du Docteur en Geographie, & sur quoi par consequent, il veut faire juger du mérite de mon Ouvrage.

Trouvés bon mon R. P. que sans m'arrêter à tous ces points de Critique, je reprenne ici quelques faits dont la discution suffira pour démontrer la mauvaise foi & l'ignorance de mon censeur.

L'Histoire d'un certain Pelerin inserée dans ma premiere partie, à l'article de S. Dominique de la Chaussée, est je l'avoue un ornement dont mon Livre pouvoit se passer. Mais le Maître de Géographie ne releve ce fait, & quelques autres, que pour taxer ma credulité. *Ces contes ont parû*, dit-il, *à M. de Gourné, des evenemens réels*. Voici, mon R. P. de quelle façon j'annonce celui-ci, à la page 176. de mon premier Volume. *San-Domingo de la Calzada*, dis-je, *est une Ville qui n'est fameuse, que par une Histoire des plus plates, qu'on y raconte avec beaucoup d'emphase & que je passerois sous silence, si elle n'avoit été approuvée par l'Inquisition, qui oblige à la croire comme Article de Foi, & qui condamneroit comme Heretique* celui qui ne donneroit pas sur ce point les marques d'une soumission aveugle & deraisonnable, que ce severe Tribunal exige, même sur les faits historiques. Après une attention si marquée à caracteriser un pareil conte, de quel front ose-t-on avancer que je le regarde moi-même comme un évenement réel ? N'est-t-il pas évident que mon but n'a été que de faire connoître l'esprit d'un Tribunal, qu'un fait de cette nature peint beaucoup mieux que n'auroit fait une digression plus longue. Vous voyez la bonne foi de mon adversaire.

Le nouveau Géographe, trouve encore mauvais qu'à l'article de Tulle, je me sois plus étendu sur *Jarrige*, que sur *Baluze*. Il est vrai que le dernier est un Sçavant du premier ordre, & que l'autre n'est qu'un homme singulier. Mais il est aisé de voir ce qui a choqué le sieur *Guyot*, caché sous le Maître de Geographie. Il suffit pour cet effet, de rapporter l'article. Je dis que le Jesuite *Jarrige*, n'ayant pû obtenir dans la societé les emplois qu'il croyoit dûs à *son mérite, se rendit fameux par son Apostasie, en embrassant publiquement le Calvinisme, à la Rochelle, le 25 Décembre* 1647. *mais qu'il devint encore plus celebre par sa conversion, & qu'il mourut à Tulle, regretté des Jesuites, qu'il avoit maltraités par ses Ecrits, & de tous les honnêtes gens.* N'entrevoyez-vous pas mon R. P. à la Conversion près, & à l'Apostasie, quelques traits de conformités qui ont pû mettre le sieur *Guyot* de mauvaise humeur. Je n'ai jamais pensé à l'application : mais il n'est pas hors d'apparence, qu'un Deserteur de la Societé, qui n'a pas épargné ses anciens Confreres, ait crû se retrouver dans le P. Jarrige.

Je dis à l'article de *Bilbao*, que la critique de Mariana, est peu judicieuse. Mais est-ce une accusation générale qui tende à qualifier ce grand Ecrivain, comme veut l'insinuer l'Auteur de la Lettre ? Mariana reprend avec chaleur, les Ecrivains qui assurent que Bilbao s'appelloit autrefois *Flaviobriga*, & prétend que cette Ville n'est pas ancienne, n'ayant été bâtie qu'en 1298. par Didier Loup-de-Haro, Seigneur de Biscaye, dans le lieu où étoit *Amanum portus*. Je dis donc sur cela que la remarque est juste, & la critique peu judicieuse, parce que Pline, dont les Géographes suivent en cela l'autorité, place *Flaviobriga* au même lieu où étoit autrefois *Amanum portus*, nom que cette Ville quitta pour prendre celui de Flavius Vespasien.

L'Auteur de la Lettre me reproche encore d'avoir avancé à l'Article de Sarragosse que nous avons du Poëte Prudence, des Hymnes pour tous les jours de l'année. Je m'étonne que le sieur *Guyot*, qui connoît si bien les Poëtes Latins, ignore cet ancien Recüeil d'Hymnes, intitulé : *Cathemerinon*. Mais aussi ce Prudence est un Poëte Chrétien, que M. de Bercy n'a jamais été tenté de traduire. (*a*)

(*a*) La nouvelle Traduction de Virgile que le sieur *Guyot* annonce avec tant de modestie, comme un Ouvrage de sa façon,

A l'Article de Badajox, (toujours dans ma premiere Partie) je remarque *que M. de Commanville, n'a pas dit un mot de cet Evêché dans ses Tables Géographiques & Chronologiques.* Le fait est vrai. Mais que de bévûës, on fait faire au Maître de Géographie pour me censurer. Je conviens que dans l'Index du livre, ou dans sa Table proprement dite, Badajox se trouve sous la Lettre B. mais je soutiens qu'il est obmis dans le corps de l'Ouvrage. Jettez les yeux, mon R. P. sur le dénombrement des Evêchez de la Province de Compostelle, où celui-ci doit se trouver aux pag. 80. & 81. & je vous défie de l'appercevoir. Voilà donc le sieur *Guyot* convaincu de s'en rapporter aux Tables des Livres, sans vérifier les faits qu'il cherche, en consultant les Ouvrages mêmes. Il n'a pas changé de méthode pour moi. Mais pour justifier M. de Commanville, voyez que d'absurditez il lui prête. *Il prend,* dit-il, *Be-*

est de notorieté publique la Traduction de Monsieur de Bercy.

ja pour Badajox. Il est bon d'apprendre au sieur *Guyot*, 1°. que Beja est une petite Ville, ou M. de Commanville remarque qu'il y a eu autrefois un Evêché, mais que Badajox est encore actuellement une Ville Episcopale. 2°. Que Beja est dans la Province d'Alentejo, & Badajox dans l'Extramadoure. 3°. Que Beja est en Portugal, & Badajox en Espagne.

Enfin, le prétendu Géographe me reproche *de n'avoir pas commencé la description de chaque Pays par la Ville de la Capitale.* S'il avoit examiné le Plan de mon Ouvrage, il verroit que je l'ai fait à dessein, & que cet ordre nouveau, joint aux distances des Lieux, négligées jusqu'ici par les Géographes, me rend plus méthodique qu'aucun d'eux; ainsi comme je me suis fait une Loi de commencer la Description de chaque Pays par les parties les plus Septentrionales, & de finir par les Lieux Meridionaux, la Capitale se trouve chez moi, dans le rang que lui donne sa position naturelle.

Vous

vous m'avouerez mon R. P. qu'une critique de cette nature me fait un peu plus d'honneur qu'à mon adversaire, & qu'il n'y a qu'à gagner pour moi d'avoir trouvé de pareils Censeurs, *si quis volens detrahit fama mea, nolens addit* (a) mais un trait obligeant de la Lettre, (car le ridicule qu'on veut m'y prêter, n'est que dans le frivole de l'observation) c'est de citer l'article de Taverny, pour faire observer mon exactitude à marquer que je suis titulaire de ce Prieuré simple. Ce trait dont je tiens compte à l'Auteur, malgré son intention, m'obligeroit naturellement à vous faire aussi remarquer, qu'outre la Chapelle *de Fontaines*, dont il est possesseur & porte le nom, il est encore Ex-curé de Thorigny en basse Normandie; si je l'ai toujours désigné par le sieur *Guyot*, c'est que Guyot est véritablement le nom de sa famille, & qu'il a tort de le cacher ; d'ailleurs vous sçavez le mot d'un Pere de l'Eglise, *commis-*

(a) *Aug. lib.* 3. *contr. Petill.*

G

sâ pugnâ vacant nomina dignitatum. (*a*)

Une discussion plus détaillée de la Lettre du Maître de Géographie nous méneroit loin & vous fatigueroit ; j'aime mieux y revenir encore dans quelque tems, *non omnia effundam, ut semper novus accedam.* (*b*)

Après tous les efforts que le sieur *Guyot* travesti en Maître de Géographie, a fait pour défigurer mon Ouvrage, & le rendre méconnoissable au Public, pour soutenir son caractère, il ne devoit pas m'épargner l'accusation de Plagiat, & c'est par ce dernier trait de candeur qu'il termine sa Léttre. *La Préface historique du premier Volume seroit, à son avis, ce qu'il y a de meilleur, si elle étoit bien faite ; mais,* dit-il, *il n'y a rien de neuf ; c'est une compilation de deux Essais sur l'origine & le progrès la Géographie par Mr. de la Martiniere. Le premier Essai,* ajoûte-t-il, *se trouve dans le mois d'Octobre des Mémoires historiques & critiques*

(a) *S. Jerôme.*
(b) *Cicer. Philip.*

de 1722. imprimé à Amſterdam chez Bernard, & le ſecond dans le mois de Décembre du même Ouvrage ; ces Eſſais valent bien mieux que la Préface hiſtorique : C'eſt de-là que l'Auteur de cette Préface a emprunté ſon cathalogue de Géographes.

Admirés le tour ingénieux & la juſteſſe de cette concluſion. Il vient de démontrer, à ce qu'il s'imagine, que mon ouvrage ne vaut rien. Cependant la Préface qui ne vaut rien non plus, ſeroit ce qu'il y a de meilleur, ſi elle étoit bonne. Je ne crois pas, qu'on puiſſe expliquer le raiſonnement du ſieur *Guyot.* d'une autre maniere. Or un juge auſſi conſéquent & doüé d'une pareille judiciaire, n'eſt-il pas récuſable de droit tant ſur le fond que ſur la forme d'un Ouvrage.

Mais le reproche de Plagiat, eſt-il bien ſérieux, & ſied-il dans la bouche du ſieur *Guyot* ? il trouve qu'il n'y a rien de neuf dans ma Préface. Je lui demande ce qu'il entend par des choſes neuves ? Sont-ce des faits originaux, qui ne ſe trouvent

G ij

en aucun endroit ? je conviens qu'il n'y en a point de tels dans mon Ouvrage; j'ai même eu grand soin d'indiquer les sources où j'ai puisé ceux que j'ai rapportés, & du moins je ne citte d'après personne. Sont-ce des raisonnemens, ou des Points de critique ? j'avoue encore de bonne foi qu'écrivant sur une Science positive & qui n'a rien de spéculatif, toutes mes idées ne sçauroient être aussi neuves que celles d'un Phisicien à Sistême ou d'un bel esprit Dissertateur. Mais un Reproche aussi vague, aussi peu fondé, mérite-t-il qu'on le reléve ? je n'ai prétendu donner ce morceau sur l'Histoire de la Géographie que comme l'ébauche d'un ouvrage que je prépare sur cette matiere. C'est ce que je déclare expressément à la Page 75. de ma Préface. Or quoi qu'elle n'ait pas trouvé grace aux yeux de ce sévere Critique, je puis dire sans trop m'avancer que le Public a été bien plus indulgent.

C'est donc le titre d'*Essay*, que j'ai donné à ma Préface qui fait supposer au sieur *Guyot*, que c'est une compilation de deux autres Essais, qu'il citte sans daigner rapporter un seul trait de conformité, car quand il dit avec tant de confiance que mon Catalogue de Géographes en est emprunté, c'est une allégation en l'air, que je lui défie de pouvoir justifier ; il y a même bien de l'apparence, qu'il ne s'est pas donné la peine de conférer ces différens Essais, & peut-être ne les a-t-il jamais lûs. Quoi qu'il en soit, se croit-il en droit de trancher de cette maniere ? & est-il dispensé d'apporter des preuves ? quant à moi, mon R. P. je vous proteste que c'est uniquement sa Lettre qui m'a fait connoître les écrits qu'il m'accuse d'avoir pillés, & que ces Pieces fugitives, avoient échappé à mes recherches. Mais je n'ai garde de prétendre qu'on m'en croye sur ma parole comme assurément le sieur *Guyot*, n'en sera pas crû sur la sienne. Il s'agit de comparer les Pieces-mêmes, & c'est ce que je me réserve de faire dans une Lettre que je vous envoyerai dans peu, & que je vous prie de tenir auſſi ſécrette que celle-ci.

Enfin pour conſommer l'entrepriſe, il ne reſtoit plus au ſieur *Guyot*, qu'à chercher à m'enlever encore le foible honneur de cette compilation. C'eſt ce qu'il a tenté de faire dans ſa feuille du 21 Avril. Mais ce détail fera la matiere d'un écrit particulier, que je rendrai public. Je vous envoye cependant Copie d'une Requête que j'ai deſſein de préſenter à Monſeigneur le Chancelier, contre l'Abbé Langlet, pour raiſon de pareilles Impoſtures, contenues dans le diſcours qui ſert de Préface à la nouvelle Edition de la Géographie de Martineau, en 8 volumes. Impoſtures hazardées d'après le ſieur *Guyot*, ou plûtôt concertées avec lui. Vous trouverez dans cette Requête, une Anecdote aſſés curieuſe ſur la nouvelle Edition de cette Géographie.

Après tout comment le ſieur *Guyot*, oſe-t-il me conteſter une production que perſonne ne revendique ;

lui dont la fécondité singuliere, est si équivoque. Cet Ecrivain universel qui paroît s'être escrimé dans tous les Genres. Histoires, Romans, Polémiques, Poësie, Grammaire, Traductions &c. Voudroit-il qu'on troublât les douceurs de cette heureuse paternité, dont une utile adoption, lui rend tous les droits ; qu'on vînt jetter de nouveaux soupçons sur cette filiation nombreuse, qui en trompant son amour, le met à couvert de l'opprobre de la stérilité ; qu'on ravît à son ambitieuse tendresse cette foule d'enfans, que la fortune a jetté presqu'en naissant dans ses bras, & qu'il a comme enfanté lui-même, par un attachechement vraiment paternel ; enfin qu'on réduisît au gré des envieux, toute sa Postérité littéraire aux seules observations, où la Renommée lui laisse encore une si petite part & à cette rare traduction des Pseaumes condamnée dès sa naissance à un triste oubli.

Le sieur *Guyot*, comme vous voyez, m'offre un vaste champ de

Représailles, si je voulois user de mes avantages : mais uniquement occupé de ma propre défence, je me contente de lui adresser ces paroles de Saint Jérôme, que l'Abbé Langlet peut s'appliquer aussi, *avez-vous endurci votre front, jusqu'à mettre votre confiance dans le mensonge ? jusqu'à penser que l'imposture puisse vous donner quelqu'autorité ? jusqu'à vous flatter qu'on doive ajouter foi à tout ce qu'il vous plaira d'inventer? Usque adeo ne obdurasti frontem, ut mendacium ponas spem tuam & existimes te protegi posse mendacio, & quidquid finxeris tibi credendum putes?* (*a*)

(m) Jerôm. Apol. 3. contr. Rufin.

Il s'agit maintenant, mon R. P. de répondre a deux chefs de votre Lettre. Vous me reprochez en premier lieu, de n'avoir pas rempli les engagemens que j'ai pris en quelque façon avec le Public pour la continuation de mon Ouvrage, & vous m'invitez en conséquence à faire cesser au plûtôt les bruits qui se répandent dans les provinces, que j'ai abandonné l'entreprise. En second lieu, vous me conseillez de retracer le Plan de ce même Ouvrage pour détruire les fausses idées que l'Auteur des Feüilles Périodiques en a pû donner à quelques Lecteurs.

Les engagemens que j'avois avec le Public, consistoient à faire paroître successivement chaque partie de mon Ouvrage de deux mois en deux mois sans interruption. Mais quand je me suis imposé cette loi, je comptois un peu trop sur mon loisir. La poursuitte du Procès que j'ai essuyé au Grand-Conseil, pour raison de mon Prieuré, m'a beaucoup reculé sans doute; mais les suittes de ce Procès, & les discussions inévitables au commencement d'une nouvelle jouissance, ont encore plus rallenti mon travail. Figurez-vous la situation d'un nouveau pourvû qui entre dans un Bénéfice délâbré, Dégradations, de Bâtimens a faire rétablir, Aliénations de Dixmes à recouvrer, Usurpations de Biens à faire revenir, Baux collusoires à résilier, ce sont des Procès à chaque pas. Vous jugez bien, mon R. P. qu'au milieu de toute cette chicanne quelqu'amour qu'on ait pour les Lettres, l'agréable est negligé pour l'utile. Ajoûtez à tous ces soins temporels les longueurs de l'Impreſſion, & l'attention qu'elle demande. Car vous n'ignorez pas qu'un Auteur qui fait imprimer à ſes frais, n'eſt pas toujours des mieux ſervi. L'Imprimeur, comme d'intelligence avec le Libraire, ſemble vouloir nous faire porter la peine d'avoir entrepris ſur une Profeſſion dont la ſienne depend en partie. C'eſt donc malgré moi, comme vous voyez, que j'ai manqué à mes engagemens. Le ſeul remede que j'y voye, eſt de n'en point contracter de nouveaux & de redoubler ſeulement d'activité. A l'égard des bruits qui courent en Province, que j'ai abandonné mon Ouvrage, tous les jours je travaille à les faire ceſſer ; & ma troiſiéme Partie ne tardera pas à fermer la bouche aux gens mal-intentionnés, ou à ceux qui manquent de confiance. Au reſte rien de changé dans mon Plan. Le *Proſpectus* en eſt assés connû ; mais je sens comme vous la nécessité de le remettre sous les yeux du Public : ainsi vous le trouverez ci-joint peu different de l'Imprimé.

J'ai l'honneur d'être avec la plus respectueuse estime Mon Reverend Pere. A PARIS ce 20 Juin 1742.

Je vous prie, d'observer que je ne demeure plus dans la rue S. Jacques, & de mettre dorénavant cette addresse à vos Lettres. A Monsieur l'Abbé DE GOURNÉ Prieur de Taverny rue Boutebrie, vers la rue de la Parcheminerie.

FAUTES A CORRIGER
dans quelques Exemplaires.

Page, 16. lig. 28. composé, lisez, composée.

Pag. 17. ligne 24. il charges, lisez il chargea.

Pag. 22. ligne 20. quelqu'autres, lisez quelques autres.

Pag. 25. ligne 7. puisé, lisez puisées.

Pag. 35. *ligne* 21. environ mois, *lisez* environ un mois.

Pag. 41. *ligne* 22. les Ecrivains, *lisez* ces Ecrivains.

Page 47. *ligne* 26. je ne plaint, *lisez* je me plains.

Page 48. *ligne* 15. contredit, *lisez* contredis.

Page 49. *ligne* 28. *lisez* liste de près de 200.

Pag. 52. *ligne* 25. la Scine, *lisez* la Seine

Pag. 54. *ligne* 14. armonique, *lisez* armoriques.

Pag. 64. *ligne* 18. idée de ces, *lisez* idée de ses.

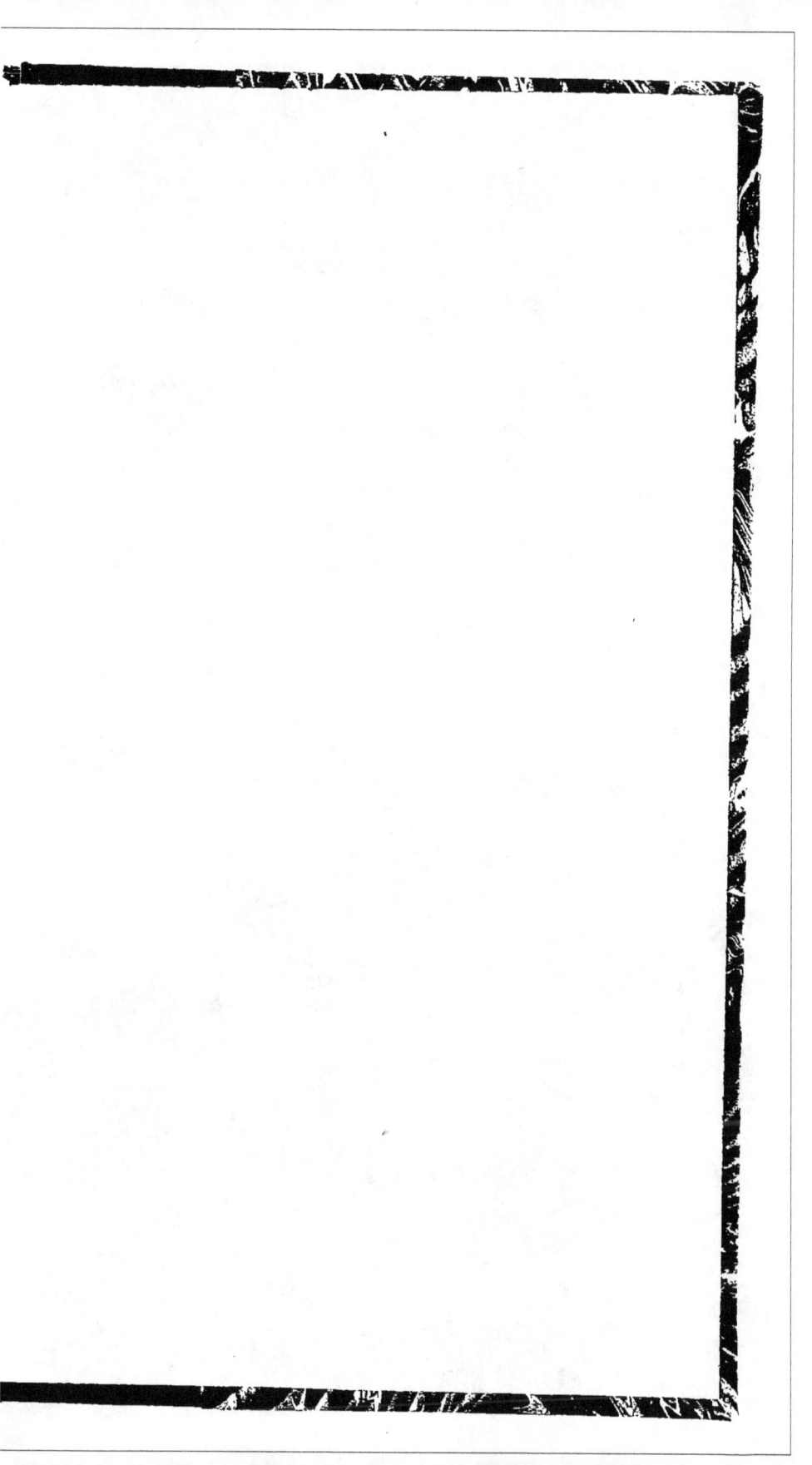

www.ingramcontent.com/pod-product-compliance
Lightning Source LLC
Chambersburg PA
CBHW070309100426
42743CB00011B/2411